AF250612

RÉPONSE

AU MANIFESTE

DE

DON JUAN DE BOURBON

PAR

D. JOSÉ GÜELL Y RENTÉ

RÉPONSE

AU MANIFESTE

DE DON JUAN DE BOURBON

PAR

D. JOSÉ GÜELL Y RENTÉ

Dans un manifeste excentrique, signé à Londres le 16 juin dernier, et qu'il adresse aux Cortès espagnoles, comme aurait pu le faire n'importe quel esprit extravagant, don Juan de Bourbon manque de la façon la plus grossière à tous les respects dus à S. M. doña Isabelle II, qui, en vertu de sa prérogative, vient de décréter une amnistie pour sauver la vie des frères de ce prince, don Carlos et don Fernando, et pour les empêcher d'être jugés et condamnés à mort, comme il en a été de leurs partisans pris en flagrant délit, et comme cela était le désir du pays, qui les accusait avec raison d'être venus troubler la tranquillité de l'Espagne, dans le but d'allumer la guerre civile, avec le concours d'un malheureux général, qui trompa et entraîna à sa suite la

1860

garnison chargée de défendre les îles Baléares, et exposa ces îles à un coup de main de l'étranger. — Cependant ils avaient commis cet attentat dans le moment suprême d'une guerre nationale, alors que la vaillante armée espagnole versait son sang généreux, et qu'une complication quelconque eût mis en doute son triomphe, en donnant de l'espoir aux Marocains, qui se défendaient en désespérés dans les dernières positions du *Qualdras*.

Don Juan de Bourbon insulte par de perfides allusions la noble femme, l'auguste et bonne Reine doña Isabelle II... Mais est-il extraordinaire qu'il en agisse ainsi, celui qui méconnaît les liens de la famille et vit à Londres sans épouse, sans enfants, livré à ses passions de prétendant ?

Don Juan de Bourbon n'a pas lu l'histoire de son pays, et il n'est pas étonnant alors qu'il affirme que, le règne des femmes ayant été un malheur pour l'Espagne, Philippe V publia pour cette raison la loi salique.

Il oublie que doña Isabelle Ire régna par la volonté du peuple et ne porta la couronne que par suite des faiblesses et de la mauvaise conduite du roi don Enrique.

Il oublie que ce fut cette femme immortelle qui, par son talent et sa grande valeur, créa l'unité de l'Espagne, divisée alors en plusieurs monarchies ; que ce fut elle qui conquit Grenade et rejeta le Maure loin de la commune patrie ; que ce fut elle qui donna de l'argent, des hommes et des navires à Christophe Colomb pour découvrir le Nouveau Monde ; qui, pendant le cours de son règne, releva la Castille de la prostration dans laquelle l'avait plongée don Enrique, et qui l'éleva au plus haut point de gloire et de prospérité.

Don Juan de Bourbon méconnaît les lois qui fixent la succession à la couronne d'Espagne; comment et pourquoi elles furent faites; comment les votèrent les peuples; comment Philippe V introduisit la loi salique contre la volonté de l'Espagne et contre l'opinion du conseil qui, à l'unanimité, s'y refusa plusieurs fois, obligeant le roi à demander l'avis de chacun de ses membres, sous pli cacheté et scellé; comment la détermination de Philippe V ne fut pas présentée aux Cortès; et comment enfin, même à son avénement, ce roi ne reçut pas le serment des députés du pays, selon la coutume espagnole, son règne étant plutôt de conquête que de droit, et y étant arrivé par suite de la triste situation dans laquelle le gouvernement désastreux et le faible caractère de Charles II, de lamentable mémoire, avaient laissé l'Espagne.

Don Juan de Bourbon ignore comment on dérogea à la pragmatique sanction avec plus de légalité que n'en avait mis à l'établir Philippe V, et comment Ferdinand VII, son successeur, appela les représentants du pays pour l'annuler, en rétablissant la loi fondamentale de *partida*, qui donnait le trône à doña Isabelle II; comment toute l'Espagne lui prêta ensuite serment comme Princesse des Asturies; comment plus tard la nation lui rendit hommage et la salua Reine; comment elle fut déclarée majeure d'âge; comment les Cortès de 1834, de 1837, de 1845, et toutes les autres qui siégèrent ensuite, reconnurent et donnèrent pour bien faite la loi qui excluait de la succession don Carlos et sa famille comme rebelles et comme ayant plongé le pays dans une guerre désastreuse sans droit, sans justice, enfin comme étant les représentants d'un principe qui avait toujours fait la ruine et le malheur de l'Espagne. — Il ignore comment les Cortès constituantes de 1854, filles de la révolution politique la plus grande qui ait eu lieu en Espagne, dans lesquelles, en qualité de député progressiste, j'eus l'éternel honneur de représenter la Vieille Castille, déclarèrent qu'une des bases principales de l'édifice politique qu'elles allaient élever était la couronne et la dynastie de doña Isabelle II. — Cette proposition fut votée après la discussion la plus libre et la plus solennelle que jamais l'histoire ait enregistrée dans les fastes parlementaires de l'Espagne.

Don Juan de Bourbon ignore que, depuis la mort de Ferdinand VII, le système qu'il représente est devenu impossible, l'absolutisme disparaissant pour laisser la place au régime constitutionnel que la pénétration et le patriotisme de doña Isabelle II perfectionneront avec l'aide de ses ministres, en présentant aux Cortès une loi électorale plus étendue, qui châtie les délits en matière électorale, une loi d'*Ayuntamientos*, de députations provinciales, et enfin la loi si nécessaire de la presse, ainsi que d'autres tout aussi heureuses et tout aussi libérales sur lesquelles reposera l'inébranlable et solide fondement du trône dont doit hériter un jour le prince don Alphonse, entouré de l'amour du peuple et soutenu par le système constitutionnel, système en vertu duquel les choses publiques se discutent en public, et dont l'existence est parvenue à établir la liberté civile et l'égalité de tous devant la loi, ce qui permet au plus humble citoyen d'atteindre les plus hautes régions de la hiérarchie sociale ; système qui a permis le plus complet désamortissement civil et ecclésiastique ; qui a ouvert toutes les universités, créé toutes les chaires pour chaque genre de savoir et d'industrie ; système qui a codifié les lois civiles et criminelles, qui a établi l'impôt tributaire, réglé la comptabilité, construit d'innombrables lieues de routes royales et vicinales ; système grâce auquel on a commencé, avec la garantie des capitaux nécessaires à leur achèvement, les principales lignes de chemins de fer, et grâce auquel aussi on a terminé déjà celle qui conduit directement de Madrid à la Méditerranée, ainsi que d'autres d'égale importance ; système qui a donné à l'Espagne les télégraphes électriques, une infinité d'hospices, des maisons de correction et des présides ; qui a ouvert des rues, aéré des places, construit des édifices publics de gouvernement ou de loisir et d'ornement dans les capitales, dans les villes et jusque dans les villages ; qui, enfin, a organisé la garde civile ; système qui a enfanté une marine de guerre ayant aujourd'hui plus de mille canons sur les eaux, et a développé merveilleusement la marine marchande ; qui a donné une impulsion immense au commerce, à l'agriculture et à l'industrie ; qui a découvert des richesses métallurgiques inconnues sous Ferdinand VII ; système qui a religieusement payé les dettes et fait face aux obligations de l'État, a trouvé le moyen de subvenir aux frais immenses de la guerre d'Afrique ; et permet, après cette guerre, au ministre des finances de compter encore plus de deux cents millions effectifs dans les caisses du trésor.

Tels sont les avantages obtenus par vingt-sept ans de ce gouvernement constitutionnel auquel fait allusion don Juan de Bourbon, qui ignore qu'à cette époque tous les partis espagnols sont convaincus que les prétentions des prétendants ne sont que des calamités, filles de la nécessité personnelle et de rien autre chose.

En faut-il d'autres preuves que l'arrivée de don Carlos et de don Fernando, ses frères, sur les plages de Tortose ; que la solitude dans laquelle ils se virent de leurs yeux, sans que personne les poursuivît; que l'obligation dans laquelle ils furent de cher-cher un refuge dans la plus obscure maison d'un village, sans trouver un partisan qui les cachât, sur un sol où l'on accueille, où l'on abrite par charité continuellement jusqu'aux malfaiteurs poursuivis par la justice?

En veut-il d'autres preuves que le document écrit par son frère don Carlos après le supplice du général Ortega, en vertu duquel don Juan de Bourbon se prétend fondé en droit, et qui ce-pendant témoigne de la nullité de ce prétendu droit et des espé-rances qu'il pouvait motiver?

Enfin, don Juan de Bourbon écrit qu'il n'y a pas un seul Espa-gnol digne, de la classe du peuple, du congrès ou du sénat, auquel le soi-disant prétendant adresse cette demande, qui, le jour de la mort de doña Isabelle II, accepte ses enfants pour souverains.

J'ai le grand honneur de répondre à cette folle illusion, pen-dant qu'y répond l'opinion de mon pays, et quoique je sois le dernier des sujets de la Reine, que toute l'Espagne constitution-nelle les acceptera pour tels; que l'infante doña Josefa, ma femme, nos enfants, don Raymondo et don Fernando, et moi, qui sommes de dignes Espagnols, parce que nous avons l'amour de la patrie et de sa liberté, nous les accepterons et reconnaîtrons les pre-miers, ne faisant en cela qu'accomplir le devoir de personnes loyales, qu'obéir à la constitution, aux lois, au bon droit, à la raison, au bien public, toutes choses préférables à la folle pré-tention de don Juan et de ses frères, dont la dépopularité est si grande dans le pays, que tout le monde, moins eux, pourrait s'asseoir sur le trône des Isabelles, moins eux qui ont coûté tant de sang à la patrie, qui représentent l'idée fanatique de l'absolutisme, qui ont troublé l'anxiété sainte de l'Espagne au moment où elle ressaisissait sa gloire dans une guerre étrangère ; moins eux qui n'ont d'autre histoire que la faiblesse et l'obscurantisme de leurs opinions, d'autres actes de valeur que ceux de Tortose, d'autres archives que le document adressé par don Juan aux Cortès, et celui qu'il vient de signer, le 16, à Londres, dans lequel il révèle ce que le monde peut espérer de son génie et de ses œuvres. La nation espagnole ne se laissera ni tromper, ni surprendre par de fausses promesses, par des écrits ridicules, dus peut-être à une main étrangère et lancés dans la publicité par la presse d'une nation jalouse de la fierté et de la dignité avec lesquelles l'Espagne a répondu à ses exigences dans la question de la guerre d'Afrique.

Si son émigration en Angleterre permet à don Juan de Bourbon de lancer impunément des calomnies infâmes sans s'exposer à la rigueur des lois, elle ne le sauve pas du mépris et de l'indignation de l'Espagne, qui voit avec horreur tout ce qui outrage sa Reine et peut compromettre la dignité et l'indépendance de la patrie.

Paris, 21 juin 1860.

JOSÉ GÜELL Y RENTÉ.

PARIS. — IMPRIMERIE DE J. CLAYE, RUE SAINT-BENOIT, 7.